AF230547

ESSAI

SUR LE

SUFFRAGE UNIVERSEL

PAR

C~AMILLE~ GILARDONI

Prix : Un Franc.

VITRY-LE-FRANÇOIS
IMPRIMERIE ET LIBRAIRIE Vᵉ TAVERNIER ET FILS
1888.

ESSAI

SUR

le Suffrage Universel

ESSAI

SUR LE

SUFFRAGE UNIVERSEL

PAR

Camille GILARDONI

VITRY-LE-FRANÇOIS
IMPRIMERIE ET LIBRAIRIE Vᵉ TAVERNIER ET FILS
1888.

ESSAI

SUR

le Suffrage Universel

CHAPITRE PREMIER.

Considérations générales.

Vox populi, vox Dei.

Le suffrage universel, étant la dernière et
la plus importante conquête de l'esprit pro-
gressif en politique, a été, depuis quelques
années, l'objet de critiques d'autant plus vives,
qu'on lui impute tous les troubles qui se
manifestent dans le fonctionnement de la
machine gouvernementale. Il s'agit de savoir
si ces critiques sont fondées, et si l'on ne peut
pas absoudre le suffrage universel de tous les
méfaits qu'on lui impute.

Le suffrage universel a principalement contre lui la manière dont il a fait son entrée dans le monde, car bien des gens attribuent son avénement à une surprise. Il importe de démontrer que les principes politiques, comme tous les autres, ne peuvent s'établir dans le monde que lorsqu'ils sont mûrs ou que le monde est mûr pour eux et qu'ils sont la conséquence d'une évolution régulière, car rien, dans le domaine politique comme dans tous les autres, ne peut s'établir par surprise, à moins d'être frappé d'une irremédiable caducité.

Notre tâche sera donc de démontrer que le suffrage universel a été la conséquence d'une évolution logique et régulière, et cette démonstration aura l'avantage de rendre ce mode de suffrage inattaquable dans son principe, s'il est critiquable dans certaines de ses applications.

§ II. **Le passé du suffrage universel**.

Une question intéressante à résoudre serait
celle de savoir si ce philosophe ou ce poéte (1)
qui proclamait que « l'opinion est la reine du
monde » n'établissait pas , par là même , la
légitimité et la raison d'être du suffrage universel. Car, ce qu'il entendait par « l'opinion » c'était l'avis de la majorité des hommes ;
et , si l'on peut démontrer que cette
majorité , cette « pluralité » , comme on
disait autrefois , a toujours eu l'empire dans
la suite des siécles , ne serait-ce pas établir
que le suffrage universel a toujours existé ,
même lorsqu'on ne se doutait pas de son
existence ? Une pareille thèse pourrait causer
quelque surprise , mais elle n'est pas aussi
paradoxale qu'elle paraît l'être. Il y a bien
longtemps que les sceptiques , c'est-à-dire les
philosophes qui ont voulu bannir toute raison
du monde, ont été frappés de ces forces aveu-

_____

(1) Il est difficile de savoir à qui attribuer la paternité de cette célèbre
maxime passée depuis des siècles à l'état de proverbe. On l'attribue à
Pindare, et aussi à Hérodote, III, 38.

gles et fatales qui conduisent l'humanité à un
but qu'elle ignore. Et la plus tyrannique , à
leurs yeux, c'était l'opinion , cette « maîtresse
d'erreur et de fausseté » comme l'appelle Pascal (1). Voyez aussi la manière plaisante dont
Montaigne s'en moque, et comme il l'oppose
cruellement à la pauvre raison humaine. (2)
L'opinion, à leurs yeux, disposait de tout dans le
monde; mais ils en jugeaient en sceptiques, c'est-
à-dire en gens désabusés. Ils se servaient du pouvoir de l'opinion pour se moquer de la puissance
des rois , et pour montrer le peu de fondement de toutes ces autorités conventionnelles
et artificielles, qui s'arrogeaient le sceptre de
l'infaillibilité et de l'inviolabilité. S'ils eussent
été moins les esclaves de leur esprit systéma-
tique. ils auraient vu, au contraire, que l'opinion n'est pas une force aussi aveugle qu'elle
en a l'air , car, erreur pour erreur , il vaut
mieux s'en fier au sentiment général qu'à la
raison si vacillante de quelques philosophes.

Et voilà pourquoi l'opinion, malgré les ana-
thèmes des uns et les railleries des autres ,
n'en a pas moins fait son chemin dans le

---

(1) *Pensées*, art. 3, page 41.
(2) *Essais*, I, 22, page 167,

monde pour devenir, après bien des siècles, la seule puissance solide, et la seule qui puisse donner aux autres quelque solidité.

On pourrait encore, si on le voulait bien, faire remonter l'avénement du suffrage universel à Descartes qui disait que « le bon sens est la chose du monde la mieux partagée ». Et le proverbe si souvent cité : *Vox populi, vox Dei*, ne donne-t-il pas au suffrage universel la plus haute consécration qu'on puisse donner à une autorité humaine, celle d'une sorte de droit divin ? Sans doute, on a bien abusé de ce privilége. Les démagogues s'en sont servis comme d'une arme, car il est aisé de faire parler le peuple comme on veut. Mais enfin ce proverbe exprime, sous une forme absolue, une vérité qu'il est difficile de contester, c'est que le suffrage universel, étant l'expression de l'opinion publique, est, en matière politique, la seule autorité qui soit restée debout après l'effondrement des anciennes puissances ; et l'on peut démontrer que, alors même que ces puissances régnaient et semblaient avoir l'empire, c'est encore le suffrage universel qui était leur arbitre, et que tous les pouvoirs ressortaient implicitement de lui.

Car il serait aisé de montrer que rien, dans
le gouvernement des sociétés humaines, n'a
jamais eu une force réelle, s'il n'a été populaire. Il s'établissait alors, entre les rois et
les peuples un courant de sympathie qui leur
facilitait les tâches les plus ardues. La réponse
du peuple aux mesures impopulaires était ce
silence morne et lugubre, dont parlait ce
philosophe lorsqu'il disait : « Le silence des
peuples est la leçon des rois. (1) » Or le suffrage universel a-t-il jamais parlé plus élo-
quemment que dans ces moments néfastes ?
Au contraire, la joie, la satisfaction, l'amour
si touchant des populations pour les rois
éclairés et sages n'étaient-ils pas la plus belle
consécration que le suffrage universel pût leur
donner ? Avaient-ils besoin que ce suffrage se
déclarât hautement et solennellement, pour se
sentir soutenus, fortifiés, encouragés, pour
être, en un mot, vraiment rois ? On croit
volontiers aujourd'hui que la puissance populaire était alors passive et endormie ; mais
elle était aussi active que le permettaient les
institutions qui étaient faites pour la brider
plutôt que pour lui accorder une libre expansion.

______

(1) C'était, ce semble, Diderot.

C'était, en effet, là le danger et l'imperfection des institutions gouvernementales de ces temps déjà lointains qui n'en apparaissent pas moins, aux yeux de bien des gens, comme l'âge d'or de la puissance humaine. La puissance réelle se cachait sous une puissance d'emprunt et d'apparat, et tous les efforts de cette dernière tendaient à empêcher la première de se faire sentir. Il fallait des circonstances malheureusement ou heureusement extraordinaires, telles que le bon sens et la sagesse d'un roi, ou le grondement sourd des passions comprimées, pour faire cesser parfois cette erreur ; mais c'étaient de rares éclairs au milieu de profondes et longues ténèbres. Et si l'on ne connaissait pas la force irrésistible de la coutume ; si l'on ne savait, par de nombreuses expériences, combien peut durer la résignation et l'apathie dans des populations aveuglées par toutes sortes de prestiges menteurs, on s'étonnerait que le monde politique ait pu vivre si longtemps sur une pareille erreur, et qu'aujourd'hui encore bien des esprits admirent un pareil renversement des lois de la nature.

Mais l'opinion publique bridée et comprimée

prenait sa revanche. Elle minait sourdement
et insidieusement les lourds édifices qui l'écra-
saient. Elle se manifestait en dépit de tout,
à travers les fentes et les failles, et sembla-
ble à un courant longtemps contenu qui rompt
subitement ses digues, elle établissait momentanément son règne au milieu des ruines et
des convulsions. Toutes les révolutions qui
ont réussi ; toutes les crises qui ont amené
des changements durables dans la marche des
gouvernements n'ont été que les manifesta-
tions de cette force latente ; et l'on peut
dire, sans craindre de se tromper, que l'histoire ne serait pas aussi tragique, qu'il n'y
aurait pas eu, dans la marche de l'humanité,
tant de chocs sanglants, si le suffrage universel n'avait pas toujours eu à lutter contre
des entraves, et si ce régulateur des mouve-
ments de la société avait eu son jeu libre et
dégagé.

Il suffirait, pour démontrer cette vérité, de
choisir des exemples dans notre histoire, qui
prouveraient que les seuls règnes marquants
par leur action féconde et glorieuse ont été
ceux où existait un accord sincère entre les
gouvernants et les gouvernés. Que cet accord

ait été voulu ou non, conscient ou inconscient, peu importe, pourvu qu'il ait existé. Mais cet accord, qu'était-ce sinon l'action mystérieuse du suffrage universel s'imposant à la conscience des rois ? En dehors de cela, il n'y avait qu'un accord contraint, reposant sur une force artificielle, sur l'ignorance ou sur le mensonge. C'était le colosse aux pieds d'argile de l'Ecriture. Mais alors le monde politique était livré aux sophistes de Cour qui prétendaient que l'erreur et le silence étaient nécessaires à la stabilité des gouvernements. Ils faisaient croire aux rois qu'ils tenaient leur pouvoir de Dieu et de leur épée ; et un beau jour ces monarques aveuglés s'apercevaient, comme au sortir d'un rêve, que le sol était miné sous leurs pieds, et que leur trône manquait d'appui. L'ancienne monarchie allait ainsi en s'affaiblissant sans cesse, car elle avait perdu cette raison de vivre qui seule fait les gouvernements solides. Ses moments de puissance et d'éclat ont été ceux où régnait un accord sincère entre la nation et la royauté. Quand cet accord a disparu, elle a faibli, elle est tombée. C'est la loi des choses humaines.

Aujourd'hui que les entraves qui empêchaient
l'opinion publique de se manifester librement
ont disparu, cet accord est devenu encore
plus impérieux. On ne peut plus dire comme
le disait ce rusé cardinal de Retz, que les
gouvernements et les peuples ne s'entendent
jamais mieux que dans le silence et dans le
mystère (1). *Fiat lux* ! De la lumière ! De la
lumière ! Il ne faut plus que cet accord se
pressente, se préjuge, se devine, se suppose ;
il faut qu'il soit effectif et se manifeste à tous
moments. Les rois populaires, quand ils édic-
taient une mesure populaire, le faisaient par
une sorte d'instinct, de divination des vœux
et des vrais intérêts de leurs gouvernés. On
se comprenait, on sympathisait parfois ; mais,
à côté de cela, que de tâtonnements, que de
mécomptes ! que de malentendus ! que d'aveuglement volontaire ou involontaire ! L'opinion
publique était préjugée plutôt que sentie, surprise plutôt que conquise, et il était rare
qu'il n'en résultât pas quelque illusion fâcheuse
pour la sécurité des gouvernements et pour
le bien des peuples.

Ce qui démontre la logique inexorable qui

---

(1) *Mémoires*. Introduction aux évènements de la Fronde.

a présidé à l'établissement du suffrage universel, ce sont les efforts infructueux des
théoriciens et des gouvernements qui, depuis
la Révolution, ont essayé de l'esquiver ou de
l'éluder. Il n'y a pas de combinaison byzan-
tine qu'on n'ait imaginée pour assurer la
domination de certaines aristocraties ou pour
prolonger traîtreusement le règne de certaines
puissances illusoires et caduques. On y a toujours échoué. Les démagogues n'ont pas été
plus heureux en essayant d'asseoir le pouvoir
sur l'aveuglement des foules. Tous ceux qui
ont essayé d'accaparer le suffrage universel au
profit de certaines classes, de certaines castes,
de certaines passions plus ou moins dignes et
légitimes, de certaines opinions exclusives et
tyranniques, ont montré leur impuissance.
N'est-ce pas là une preuve évidente que le
suffrage universel est indivisible, et ne peut
régner que dans cette généralité, cette imper-
sonnalité qui, aux yeux de bien des gens,
constitue son grand danger ! Voilà ce qu'il
est temps d'établir maintenant en démontrant
que le suffrage universel peut se légitimer
par la raison ou, si l'on veut, par le bon
sens que Bossuet appelait la « raison suprême ».

CHAPITRE DEUXIÈME

De la légitimité du suffrage universel.

Ce serait une erreur de croire que la question du meilleur mode de suffrage et du suffrage universel lui - même n'ait jamais passionné que les générations actuelles. Elle a de tous temps sollicité l'esprit des philosophes, des législateurs, des politiques et des politiciens. Ce qu'elle a engendré de combinaisons ingénieuses et subtiles est à peine croyable. Il suffit de voir ce qu'en dit Montesquieu dans son *Esprit des Lois*, qui lui-même reproduisait tout ce que les Anciens avaient pensé et dit sur ce sujet. Il est vrai que ce qu'on entendait par *régler* le suffrage consistait le

plus souvent à le fausser au profit de certaines classes, de certaines ambitions et de certains appétits.

Toutefois l'idée même d'un suffrage , quelque imparfaite, quelque grossière qu'elle fût ,
dénotait déjà un certain progrès dans la marche des nations en introduisant peu à peu
dans le monde cette idée que l'opinion a sa
part dans les gouvernements. Dans les sociétés les plus anciennes , le principe du fatalisme, représenté par les puissances naturelles
ou positives, dominait tout. L'idée même de
la *loi* était une sorte de fatalisme, moins
aveugle, si l'on veut, que celui des autres
puissances, mais non moins terrible. C'était le
principe de la force divinisé et idéalisé. C'est
en ce sens que le poéte Pindare disait ces
fameuses paroles qui ont été si souvent répé-
tées : « Mortels et Immortels, tous sont sou-
mis à l'empire de la loi , qui , de sa main
souveraine, établit et légitime la plus extrême
violence. » On n'a jamais rendu un plus bel
hommage à loi, ni mieux établi l'épouvantable
puissance du Destin.

La véritable idée de la loi, celle d'une
puissance intelligente et bienfaitrice, s'enfanta

dans les luttes des anciennes démocraties et
dans le cerveau des philosophes. Le principe
de la délégation du pouvoir politique remplaça toutes les anciennes conceptions grossiè-
rement fatalistes qui avaient régné jusqu'alors.
Cette délégation était divine dans les Etats
théocratiques ; elle était populaire dans les
Etats démocratiques, et le suffrage par le
choix remplaça peu à peu le suffrage par le
sort qui rappelait les vieilles conceptions fatalistes. C'était l'intelligence se substituant au
fatalisme. L'antagonisme entre la forme intelligente et la force aveugle est aussi vieux
que le monde.

Mais alors déjà de grands esprits se de-
mandaient si le peuple était capable, par ses
suffrages , de créer cette force intelligente
qu'on sentait être de plus en plus nécessaire
à la marche rationnelle des Etats. Platon n'é-
tait pas de cet avis. C'était, disait-il, au géomètre de choisir le géomètre, au pilote d'é-
lire le pilote. Mais à qui appartiendra - t - il
de choisir les hommes chargés du gouvernement des sociétés, l'œuvre la plus difficile du
monde ? Ce sera à ceux qui auront réfléchi
sur la meilleure manière de conduire les

hommes. c'est-à-dire aux philosophes.... Platon en arrivait ainsi à ce qu'on appelait au dernier siècle le *despotisme éclairé*, c'est-à-dire à mettre la raison sur les trônes. Mais il n'y réussit guére. et le tyran Denys de Syracuse, qui fut son éléve. montra que les lumiéres, si elles ne sont jointes à un cœur droit et généreux, ne suffisent pas pour bien gouverner les hommes.

Aristote, le premier, eut l'idée du genre d'autorité que pouvait avoir le nombre, la foule ; et c'est lui qui détermina la véritable influence de cette grande force qui a toujours mené le monde. et qui le mène aujourd'hui plus que jamais, l'opinion publique. « Le domaine de l'opinion, dit-il, comprend toutes les choses qui peuvent être tantôt d'une façon, tantôt d'une autre ; de sorte qu'à leur égard nous ne pouvons raisonner que par probabilité et par conjecture. » L'opinion ne dépend donc pas, selon lui, de la raison proprement dite, mais toutes les choses qui dérivent de l'opinion sont raisonnables à leur moment. Elle est la raison d'être des choses qui existent à un moment donné de l'histoire. Comme le monde change sans cesse.

ce qui existe temporairement ne peut être que d'une vérité relative , qui est du domaine des choses contingentes. L'opinion ne règle que ce qui convient à l'humanité. ou à certaines fractions de l'humanité, à tel ou tel moment de son histoire, et, comme elle est d'une autre nature que la vérité proprement dite, elle est loin d'en avoir la clarté.

Il en résulte, selon Aristote, que l'opinion ne peut être déterminée que par la majorité, car qui pourrait lui donner une force quelconque si ce n'est l'appui du plus grand nombre ? Et ce qu'on cherche dans l'opinion c'est précisément ce que veut le grand nombre. Les opinions isolées s'évanouissent dans ce majestueux courant, comme les gouttes d'eau dans un fleuve. « Si les individus isolés, nous dit-il, ne valent pas un savant expert dans une partie, tous réunis vaudront mieux, ou au moins autant que lui ; et puis dans bien des cas, l'artiste n'est pas le meilleur juge de son œuvre. L'architecte sera content de la maison qu'il aura bâtie : le père de famille pourra l'être moins.... Le meilleur juge d'un festin n'est pas le cuisinier, mais le convive.... Un repas à frais communs est toujours plus splendide que celui dont un seul fait la dépense.... L'eau est d'autant plus incorruptible qu'elle est en plus grande masse.... » (1)

Voilà les arguments par lesquels Aristote a justifié le suffrage universel plus de deux mille ans avant qu'on l'ait ressuscité . Et Démosthène, dans sa seconde Olynthienne , faisait devant la turbulente et insouciante Athènes, l'éloge du gouvernement par la majorité : « L'un des grands avantages du pouvoir du grand nombre, disait-il, c'est qu'on ne le verra jamais sciemment agir contre son intérêt. Au contraire , l'intérêt du monarque et celui de ses sujets sont différents. »

Comment se fait-il qu'après avoir si longtemps juré par Aristote en bien des questions où Aristote n'avait que faire, on n'ait pas été frappé de cette vérité si simple, qui, si on l'eût bien comprise, eût peut-être préservé le monde politique du règne si long des fausses puissances, des idolâtries sans fondement et de mille autres principes d'erreur qui ont aveuglé tant de générations ! C'est là une de ces énigmes de l'histoire qui ne

____

(1) *Politique*, III, 6.

peut s'expliquer que par l'étonnante facilité avec laquelle les hommes se laissent dominer. Quoi qu'il en soit, le monde a été en proie, pendant plus de dix siècles, à une mauvaise conception de la puissance. On a mis la force là où elle n'était pas. On la faisait consister à braver l'opinion. Le caprice et la violence étaient érigés en régle ; et la tyrannie se donnait l'illusion de dominer le monde entier.

Et mihi res, non me rebus subjungere conor.

La puissance politique était ainsi une gageure contre la force des choses. Mais par quels inconvénients ne payait-elle pas ce renversement des lois naturelles où elle se complaisait ! Elle ne se soutenait que par des miracles d'adresse, de diplomatie, et comme elle reposait sur l'erreur, son triomphe était de tromper le monde. C'est ainsi que les Etats ne se sont longtemps perpétués que par le mensonge et la duplicité. La puissance politique avait en outre l'inconvénient dans ce monde où tout change, où tout passe, de ne pouvoir se récréer, se régénérer. L'opinion publique, qui marchait lentement, mais marchait toujours, brisait parfois les entraves où on la tenait enchaînée ; mais alors c'étaient des secousses et des révolutions. La plus grande cause de faiblesse des anciens régimes politiques était de ne pouvoir se régénérer que par des convulsions, et il fallait, pour sauver l'Etat, que l'existence même de l'Etat fût mise en cause.

Après plus de vingt siècles, il fallut qu'on en vînt enfin, dans l'ordre politique, au système de la nature où rien ne se fait par sauts, (1) où les plus grandes révolutions s'opèrent insensiblement, sans causer aucun désordre, car la nature panse les blessures à mesure qu'elle les fait. C'est alors qu'on s'avisa de rechercher les forces naturelles qui conduisent l'humanité. Les philosophes du dernier siècle s'y dévouèrent et l'on découvrit enfin que le hasard et la violence n'ont, dans la conduite des événements, qu'une faible part, et qu'il y a une logique supérieure qui gouverne tout. Ce retour au bon sens et à la nature se fit comme il se fait généralement. Il fallait que l'on eût épuisé toute la mesure possible du faux, du convenu et de l'artificiel. On découvrit que les gouvernements sont faits pour les peuples, et non les peuples pour les gouvernements. On établit, comme

-----

(1) C'est le principe de Leibnitz : *Natura non facit saltûs.*

un axiome, que les nations sont les maîtresses
de leurs destinées. Dès lors le règne du
suffrage universel commençait, et, qu'on le
voulût ou non, il fallut compter avec cette
souveraineté nouvellement émancipée qui allait
tout mettre à ses pieds.

§ II. Du suffrage restreint.

Le suffrage universel est donc plus que
légitime : il est naturel. Ce n'est pas, à proprement parler, un mode de suffrage ; c'est le
suffrage même. Il n'est pas, à bien le prendre, un progrès sur l'ancien ordre de choses,
puisqu'il a toujours virtuellement existé ; et si,
comme toutes les souverainetés humaines, il
a des défauts, des vices, ils ne viennent pas
de sa nature propre, ils viennent des passions humaines qui gâtent les plus belles
choses du monde.

Le suffrage universel condamne en conséquence toutes les manières possibles de res-
treindre le suffrage, soit par le cens, soit
par des conditions imposées au choix des
électeurs. Car ces restrictions rentrent dans
les traditions monarchiques, aujourd'hui bien
affaiblies, qui voyaient avec défiance le suffrage populaire, et songeaient à l'épurer pour

le rendre acceptable. La tutelle gouvernementale consistait à commander à l'opinion plutôt qu'à la subir. Et, en effet, l'œuvre du suffrage restreint est de particulariser l'opinion ; et les opinions particulières qu'on cherche à faire prévaloir sont naturellement celles qui sont favorables aux gouvernements. De là une erreur regrettable, dont ces derniers sont les premières victimes. Il leur est indispensable aujourd'hui de connaître toute la vérité, même celle qui leur est désagréable, et il ne leur servirait de rien de s'aveugler à plaisir pour n'arriver à se procurer qu'une fausse sécurité.

Il résulte de là que l'opinion publique est indivisible. On ne peut faire un choix dans cette opinion, car on ne pourrait le faire qu'en érigeant une autre souveraineté en face de celle de l'opinion. Or nous avons vu que ces souverainetés sont fragiles et caduques. Sous le régne du suffrage restreint, on voulait ruser avec l'opinion publique, et la réduire ou la discipliner à force d'adresse. On se servait de ce suffrage comme d'une arme qu'on tournait et qu'on retournait dans tous les sens de la manière la plus subtile pour n'admettre aux Assemblées que des complai-

sants et des satisfaits. Le triomphe d'un mi-
nistre était de donner le change au roi sur
les vœux du pays, et de lui procurer un
appui trompeur et chancelant. C'était le comble de la bonne politique. Mais cette politique,
qui semblait se jouer du pays, se jouait en
réalité du roi et de ses ministres. La douce
illusion dans laquelle ils vivaient était brus-
quement interrompue par des explosions, et
les gouvernements expiaient cruellement l'erreur volontaire dont ils avaient fait le pivot
de leur administration. Il ne faut donc pas
être bien perspicace pour voir que, depuis
que la question du suffrage universel a été
posée, toutes les limitations, toutes les restrictions qu'on a tentées pour le particulariser
ou pour le réduire ont piteusement échoué.

Ce n'est pas que le suffrage universel n'ait
ses restrictions, mais ces restrictions sont naturelles, comme l'est le suffrage universel
lui-même. L'opinion a ses catégories. Elle a ses
forts et ses faibles, ses sains et ses malades,
ses fous et ses sages. Elle a ses courants
déterminés par des causes souvent futiles en
apparence, mais qui n'en entraînent pas moins
des flots de populations passives et presque

inconscientes, car l'instinct aveugle joue un grand rôle dans l'opinion. Elle prend alors les apparences d'une sorte de fatalité presque aussi terrible que les fatalités anciennes, faisant l'effroi de tout ce qui pense, de tout ce qui a souci de son libre arbitre. C'est ce qui faisait dire au grand apôtre de la raison (1), non sans une pointe de dépit : « L'opinion est si bien la reine du monde, que, lorsque la raison veut la combattre, la raison est condamnée à mort. » Mais ce qui atténue le danger de cette sorte de fatalité nouvelle, c'est que le courant est rarement général. Il y a mille courants particuliers, qui ressemblent à ces nombreux sillages que le vent provoque sur la surface de l'Océan, et qui dépendent de l'influence d'un homme, de son talent de persuasion, de sa situation de fortune, du prestige de son caractère, et de bien d'autres causes, ou, comme on dirait aujourd'hui de *suggestions*, qui rentrent presque dans le domaine du merveilleux. La passivité même du grand nombre est alors une garantie pour que les opinions fortes aient le degré d'influence qu'elles méritent, car ce qui est natu-

---

(1) Voltaire

rellement fort et vivace s'impose aux hommes comme le suffrage universel lui-même s'impose aux sociétés. Et il est rare que tous ces courants divers, s'entre-croisant, luttant l'un contre l'autre, se faisant mutuellement équilibré, n'aménent pas une expression sincère de cette moyenne des opinions qui fait. à bien le prendre. l'opinion publique. De sorte que le suffrage universel n'est véritablement que le suffrage restreint suivant les dépendances naturelles et suivant les inégalités sociales. qu'il refléte de la seule maniére conforme à la nature et à l'équité.

Il est inutile de dire que cet avantage n'existe que dans le suffrage universel libre, si toutefois il peut être absolument libre. étant données toutes les tyrannies que nous subissons sans le savoir et sans le vouloir. Mais il suffit qu'il n'y ait pas une contrainte matérielle et grossiére, pour que la liberté du suffrage soit assurée dans la limite du possible. Il faut. en un mot, qu'il n'y ait place. dans les influences qui sont en jeu, qu'aux moyens naturels et légaux dont un homme peut se servir pour ramener ses semblables à son opinion. Le prestige de la fortune, d'un grand nom , de la science, de la probité, s'exerçant naturellement, ne peut pas fausser le suffrage. Voilà toutes les garanties de liberté qu'on peut donner. Il faut, en un mot , que l'électeur , en subissant inconsciement toutes ces influences, se croie bien libre, et puisse, au besoin y résister. Tous les modes de suffrage du monde n'augmenteront pas ces garanties fondamentales , et n'empêcheront pas la majorité des hommes d'être des automates et de ressembler aux moutons de Panurge. *Imitatores , servum pecus* ! L'instruction et la science même , si on parvient à les donner au corps électoral, engendreront d'autres formes de tyrannie. Personne n'a plus juré sur la parole du Maître que les clercs du Moyen-âge, et rien n'est pire que l'aveuglement que donne la demi-science. La liberté s'insurge volontiers contre la science même, comme disait le bon Horace :

Video meliora, proboque : deteriora sequor.

Le suffrage universel aura donc toujours à compter avec la *gent moutonnière* (1). et celui qui a rêvé la discipline par la science s'est préparé bien des illusions. Il faut souhaiter .

------

(1) Expression de La Fontaine appliquée à l'humanité

pour l'honneur de la civilisation , que les
nouveaux préjugés qu'apportera au monde une
instruction plus répandue n'entraveront pas
l'œuvre de ce bon sens des foules qui trouve,
dans le suffrage universel, sa meilleure et plus
sincère expression.

§ III. Les vraies bornes du suffrage universel.

L'inconvénient que présentent les faiblesses
de l'humanité que nous venons de décrire serait immense, si, comme le veulent les sec-
taires de l'école de Rousseau, la souveraineté
populaire était effective : car, à leurs yeux,
cette souveraineté est inaliénable et ne peut
se déléguer. Le suffrage universel aurait donc
pour effet de mettre le gouvernement entre
les mains des masses. Ce serait l'*ochlocratie*. (1)
Mais quand l'exercice de cette souveraineté se
borne à désigner les hommes qui prendront
part à la gestion des intérêts généraux, et
consiste en un contrôle constant, plutôt qu'en
une action effective, le danger est considéra-

(1) Souveraineté de la foule.

blement atténué. Car il est plus difficile de
se tromper en hommes que de se tromper
sur une matiére abstraite de gouvernement.
Cette idée avait déjà frappé Montesquieu :
« Le peuple est admirable, disait-il, pour choisir ceux à qui il doit confier quelque partie
de son autorité. Il n'a à se déterminer que
par des choses qu'il ne peut ignorer, et des
faits qui tombent sous les sens.... Mais sau-
ra-t-il conduire une affaire, donner un avis
sur le gouvernement ? Non, il ne le saura
pas.... » (1) Montesquieu admirait, en conséquence, tous les bons choix qu'avaient faits les
Romains durant la période de prospérité de
la République. L'avantage de ce systéme c'est
que l'homme qu'il s'agit de choisir est une
idée vivante, concréte, et que les électeurs
ont à se prononcer, non sur des abstractions,
mais sur des choses tangibles et sensibles.

(I) *Esprit des Lois*, livre II, chapitre II.

§ IV. De l'élection à deux ou plusieurs degrés.

Il suit de là que l'élection à deux ou plusieurs degrés est peut-être la plus conforme à la nature, car, en même temps qu'elle appelle tout le monde au droit de suffrage, elle opère une véritable sélection entre ceux qui ne peuvent se prononcer que sur les hommes, et ceux qui peuvent se prononcer sur des systèmes et des idées. Elle gradue les capacités de manière à ce que l'aveuglement ait le moins de part possible dans les choix et les décisions des électeurs et des élus. C'est l'idéal du gouvernement représentatif. On réalise ainsi ce que Tacite admirait tant dans les coutumes des vieux Germains : « *De majoribus principes consultant,* disait-il, *de minoribus omnes.* (1) » ; voulant dire par là que cha-

____

(1) Tacite, *De moribus Germanorum.*

cun, suivant ses tendances et ses capacités, prenait part à l'œuvre commune. C'est aussi en vertu de ce principe que Sieyès distribuait si bizarrement les attributions des corps délibérants. Les uns parlaient sans voter, les autres votaient sans parler, et d'autres enfin exécutaient sans parler ni voter. On n'a jamais poussé plus loin la division des pouvoirs. Mais, sans aller jusque là, le système de l'élection à deux ou plusieurs degrés est la meilleure manière de corriger ce que le sort peut avoir d'aveugle, en faisant sa part à l'intelligence sans nuire au principe du suffrage universel. Ce qu'il y a de mieux à faire, c'est de combiner les deux systèmes de l'élection directe et de l'élection par degrés, de manière à ce qu'ils se fassent mutuellement contrepoids ; et c'est ce qui existe dans beaucoup de Constitutions modernes. Mais ce contrepoids gêne beaucoup les apôtres de la souveraineté populaire qui, selon eux, est indivisible. Ils considèrent le suffrage par degrés comme une limitation de cette souveraineté, et ils n'admettent pas que la raison même puisse venir gêner l'exercice absolu du droit populaire. Voilà pourquoi le

systéme de l'élection à deux ou plusieurs
degrés n'est pas populaire dans les écoles
démocratiques, où l'on admet bien le principe
de l'élection, mais non celui de la sélection. (1)
La sélection a toujours un air d'aristocratie ;
elle fait des catégories dans le corps électoral ; et, tout en ayant l'air de sauvegarder
les droits de la majorité, elle a le tort, aux
yeux des démocrates, de donner l'empire à
certaines minorités dont le peuple a toujours
été jaloux.

§ V. **Du mandat impératif.**

Le mandat impératif découle du principe
posé par J-J. Rousseau, dans son *Contrat So-
cial*, que la souveraineté populaire ne peut
pas se déléguer. Le systéme de l'élection lui-
même serait condamné par ce principe, si l'on
avait trouvé le moyen , si cher aux flatteurs
du peuple, de donner le gouvernement à une

---

(1) Le regretté M. Caro faisait voir ingénieusement, dans ses *Problè-
mes de Morale sociale,* combien les démocrates étaient inconséquents en
prônant, comme ils le font, les théories darwiniennes. Car, si le principe
de la sélection est vrai, la nature ne travaille pas pour eux. Elle est une
grande aristocrate qui conspire sans cesse contre l'égalité. Les théories de
la démocratie à outrance seraient donc le comble de l'artifice.

nation entière. Comme l'on n'a pas encore
découvert cet idéal, la délégation du pouvoir
est admise provisoirement comme un expédient.
Mais, tout en se faisant représenter, le peuple
n'en reste pas moins souverain (1), et ses
délégués ne sont que ses porte-voix. Sa souveraineté consiste à commander sans cesse à
ses élus. Voilà ce qu'on appelle le *mandat
impératif*. Ainsi, au lieu de choisir un homme
parcequ'on a confiance en ses lumières, on
choisit un automate qui n'a d'autre opinion
que celle qu'on veut bien lui suggérer. Moins
il aura d'idées, et plus il sera dans les désirs
de ses mandants, car, s'il s'avisait de raisonner, que deviendrait la souveraineté populaire?
Le mandat impératif est donc basé sur la
défiance qui est le grand vice des démocraties. Aussi est-il le principe le plus détestable
qui puisse entrer dans un gouvernement,
parce qu'il dénature le suffrage universel en
assurant la domination, sans contrepoids, de
l'élément le plus aveugle et le plus grossier.

---

(1) Il n'est pas nécessaire de faire remarquer la contradiction qni existe
dans cette manière de comprendre la souveraineté. Le peuple a exercé sa
souveraineté par son suffrage. Il ne peut pas être deux fois souverain. C'est
le cas d'appliquer la maxime juridique : « *Donner et retenir ne vaut* ».

§ VI. **Du plébiscite**.

Le plébiscite, au contraire, repose sur un
excés de confiance de la part du corps électoral. C'est généralement un blanc-seing que
demandent les gouvernants pour exercer le
pouvoir sans aucun contrôle. Mais il n'est pas
aussi éloigné du mandat impératif qu'il le
paraît, en ce sens que ceux qui invoquent le
plébiscite, se donnent généralement pour être
les instruments dociles et passifs de la volonté
populaire. Voilà ce qui rend cette forme de
suffrage si dangereuse, car elle trompe tout
le monde. Elle a l'air d'être un hommage rendu
à l'opinion publique, tandis que, en réalité,
elle la tourne en dérision. On se livre au
peuple pour lui faire croire qu'il est le maître, et ce qu'on lui demande réellement c'est
d'abdiquer absolument sa souveraineté en
faveur d'un homme ou d'un principe. Aussi

le plébiscite a-t-il toujours été l'origine de toutes sortes de tyrannies. C'est un régime bâtard qui donne aussi peu de sécurité à ceux qui l'invoquent que peu de garanties à ceux qui en sont les dupes. C'est le retour, sous une forme déguisée, au régime du bon plaisir, et tous les avantages du suffrage universel disparaissent dans l'abus qu'on fait ainsi de la souveraineté populaire. Car, comme nous l'avons établi, le grand avantage du suffrage universel est d'assurer, à tous moments, l'influence légitime de l'opinion publique sur la marche des gouvernements; et ce qui a déterminé la chûte des anciens régimes, ce sont les entraves qui s'opposaient à l'exercice de cette influence. Le plébiscite exploite un courant d'opinion passager, pour en faire la base d'un gouvernement, d'une dynastie ; et l'on vit dans l'illusion que ce qui vous a été favorable un jour le sera toujours ; mais l'opinion publique marche en dépit des entraves qu'on lui met, et renverse en un instant l'édifice qui n'était basé que sur l'erreur et sur la mauvaise foi.

Un autre grand vice du plébiscite, c'est qu'il a un souverain mépris pour ces souverainetés intermédiaires créées par le suffrage universel lui-même pour assurer autant que possible le régne de l'intelligence dans les affaires de ce monde. Il s'adresse directement au peuple parce que le peuple est facile à tromper, et parce qu'il n'y a pas d'usurpation à laquelle il ne consente quand on sait le flatter et quand on feint de se mettre à ses pieds.

Le plébiscite peut n'avoir pas ces défauts quand, sous le nom de *referendum*, il est un appel loyal fait au peuple pour ratifier une mesure prise par ses représentants, ou pour donner son avis sur une question qui divise la représentation du pays. Car alors il a pour effet de chercher la lumière, et non d'exploiter l'aveuglement des masses. Mais alors la difficulté est de bien faire comprendre au peuple ce qu'on lui demande, ce qui n'est possible que dans les pays où l'instruction est très répandue. Quand la question est bien posée, et la réponse facile, le *referendum* est l'idéal du suffrage universel, car l'opinion publique ne saurait mieux se manifester. Mais, à côté de ce grand avantage, il peut avoir l'inconvénient de créer un certain autagonisme entre le pays et ses représentants, comme cela se voit parfois en Suisse, où les habitants consultés se font souvent un malin plaisir de désavouer leurs députés, ce qui peut avoir pour effet d'affaiblir momentanément l'un des ressorts de la machine gouvernementale. Toutefois, comme le peuple est toujours juge en dernier ressort, les représentants désavoués peuvent le maudire, sans que la bonne marche des affaires souffre trop de cet antagonisme.

§ VII. **La représentation des minorités.**

Le suffrage universel consacre le droit de la majorité, et, à cet égard, il repose sur le principe du nombre, qui n'est, à bien considérer, que celui de la force. Ce caractère lui nuit aux yeux de bien des gens qui gémissent de voir un principe aussi aveugle et aussi tyrannique décider de la destinée des nations. Car, à les entendre, l'avénement du suffrage universel n'aurait eu pour effet que de substituer la force du nombre aux forces qu'il a renversées, avec ce désavantage que cette force nouvelle est plus aveugle et plus brutale que celle qu'un monarque par exemple s'attribuait en vertu de lumiéres et de mérites supérieurs. Cet argument est le plus sérieux qu'on puisse alléguer contre le suffrage universel. et il faut une grande dose de confiance dans le bon sens des masses pour n'en être pas ébranlé. Pascal disait que, n'ayant pu donner la force à la justice. on avait donné la justice à la force ; et il ajoutait que l'avantage de la force était facilement reconnaissable. tandis que la justice était sujette à des disputes. Cette boutade exprimait , sous une forme piquante, une grande vérité. à côté d'une grande erreur. La vérité, c'est qu'il faut que le monde se rallie à quelque chose de tangible , de saisissable, d'incontestable comme l'est la majorité ; mais il n'y a pas de vraie force dans le monde, de majorité vraiment solide, que celles qui sont dans l'ordre des choses. Autrement dit , il n'y a de majorité réelle et sérieuse que celle qui a raison.

Toutefois une fausse majorité peut avoir incidemment l'empire et tyranniser les minorités. quoique bien souvent ces minorités , en se réunissant , puissent former un appoint plus considérable que la majorité officielle. Un tel événement constitue un désordre qui ne peut durer, mais il suffit pour fausser le verdict de l'opinion publique. Car on ne peut pas demander à ces minorités sacrifiées la résignation ou le dédain d'un Caton qui s'écriait :

Victrix causa Diis placuit, sed victa Catoni.

L'opinion triomphante n'a jamais tellement raison, que les opinions battues n'en puissent avoir une petite part ; et souvent l'ivresse de la victoire peut entraîner les partis vainqueurs à des folies, suivant ce que disait un moraliste « qu'il est dangereux d'avoir trop raison » ; tandis que les partis deviennent souvent raisonnables par leur échec. Les minorités servent alors de contrepoids ; et il peut arriver que la raison, effrayée des témérités des triomphateurs trop fougueux, vienne se réfugier du côté des victimes. N'y a-t-il pas péril alors, pour la chose publique, à ce que ces voix discordantes ne soient pas écoutées ? et le dédain de ces minorités ne peut-il pas engendrer de ces illusions qui sont si fatales, comme nous l'avons vu, pour

les gouvernements, et que le suffrage universel a précisément pour but de dissiper ?

Voilà les raisons qui ont engendré le système de la représentation des minorités qui
est regardé, par beaucoup de bons esprits,
comme le correctif du suffrage universel. On
a donc imaginé toutes sortes de systèmes, plus
ingénieux les uns que les autres, pour donner leur part d'influence à ces minorités. On
a dit, par exemple, que, sur trois noms que
l'électeur devrait mettre dans l'urne au scrutin de liste, il pourrait mettre trois fois le
même nom. Ce système, qu'on appelle le
suffrage accumulé, est appliqué en Angle-
terre (1). De cette manière, le nombre des
électeurs n'est plus tout, et la minorité est
forcément représentée, puisqu'un candidat, que
ses amis sauraient avoir peu de succès serait
appuyé par trois fois plus d'électeurs qu'il en
aurait en réalité. D'autres proposent, sous le
nom de *quotient électoral*, un système où, en
divisant le nombre des bulletins reçus par
celui des représentants à nommer, on aurait
un chiffre de voix qu'il faudrait forcément

---

(1) Il faut voir combien Prévost-Paradol le prône dans sa *France
Nouvelle*, livre II, chapitre I, Du droit de suffrage.

atteindre pour être élu. Enfin un autre système consisterait à donner aux représentants
un nombre de voix proportionnel à celui des
suffrages qu'ils auraient obtenu. Un député,
par exemple, qui aurait obtenu 40,000 voix,
vis-à-vis d'un autre qui n'en aurait obtenu
que 20,000, aurait deux voix et ainsi de suite.
Ces différents systèmes n'ont jamais été appli-
qués en France, soit parce qu'on a pensé que
les minorités qui ont raison ne tardent pas à
devenir des majorités ; soit qu'on se soit
arrêté à l'idée que la lutte des partis vainqueurs et des partis vaincus a pour but de
faire prévaloir une moyenne d'opinions qui
empêche les plus forts de triompher trop ; soit
enfin qu'on ait compris que le suffrage universel sait se corriger lui-même, et trouve son
remède dans l'excès même du mal.

§ VIII. De la correction du suffrage universel.

C'est, en effet, l'un des caractéres des principes absolus, comme l'est le suffrage universel, de ne pouvoir être limités et corrigés
que par eux-mêmes. Toutes les limitations
artificielles qu'on tenterait pour atténuer la
portée du verdict rendu librement par l'opinion publique n'ont pas plus de valeur que
n'en a le relatif vis-à-vis de l'absolu. On ne
peut donc en appeler du suffrage universel
qu'au suffrage universel ; et quand on a rendu
cet appel aisé, on a fait tout ce qu'il était
possible de faire pour remédier aux vices et
aux entraînements de ce principe.

Examinons d'abord les causes qui peuvent fausser le suffrage de manière à ce
qu'il ne soit qu'une image menteuse de
l'opinion publique. L'un des plus perfides,
c'est la *coalition* qui fait que deux ou

plusieurs partis absolument divisés d'opinion oublient momentanément leurs divisions pour porter leurs suffrages sur un même candidat. Car ce candidat ne peut que les tromper les uns et les autres, et la lutte ne pourra tarder à se rouvrir entre les frères ennemis. On voit le désordre qu'une pareille manœuvre peut mettre dans la représentation du pays. La force que ces partis ont momentanément acquise par leur union fortuite est absolument mensongère, et la majorité n'est plus la majorité, puisque des dissentiments intimes viendront à chaque instant la compromettre. Une autre cause d'erreur, c'est la *candidature officielle*, qui, posant en principe le droit qu'a le gouvernement, comme toute la nation, d'avoir ses candidats, a pour effet d'imposer ces candidats par la force même que le gouvernement tient de la nation.. On élève ainsi puissance contre puissance pour arriver à un résultat déplorable, une représentation infidèle des vœux du pays. C'est le propre des gouvernements qu'on peut appeler d'occasion de se reposer dans cette illusion qui leur donne une sécurité trompeuse, et ne peut entraîner que des ruines et des catastrophes.

Quand le suffrage universel a donné de
pareils fruits, il n'y a de ressource que dans
un appel au suffrage universel, comme faisait
autrefois ce Macédonien, qui en appelait de
Philippe ivre à Philippe à jeun. Il faut que
l'Assemblée soit dissoute et qu'on procède à de
nouvelles élections. Ce qu'il y a de bon, c'est que
c'est l'opinion publique qui avertit de la nécessité
de cet appel, car aujourd'hui avec tous les
moyens de publicité dont on dispose et qui
s'imposent, il n'y a de sourds que ceux qui
ne veulent pas entendre. Quand cet appel
est nécessaire, l'opinion publique a déjà fait
plus de la moitié de la tâche, car elle voit
qu'elle a été trompée, séduite ; et les élections ne sont plus alors qu'une formalité sans
danger, et que la sanction d'un retour d'opinion qui s'est déjà produit. Mais il peut arriver que, malgré ces avertissements, une
Assemblée se cramponne à ses droits, et
invoque, comme on dit, l'*uti possidetis* pour ne
pas céder. Elle peut ainsi se perpétuer contre la
force des choses ; les puissances condamnées sont
généralement lentes à mourir ; et il faut un arbitre entre le pays et ses représentants pour imposer
à ces derniers le sacrifice de leur mandat.

Cet arbitre n'est autre que le chef de l'Etat. On s'étonne du rôle effacé que joue aujourd'hui ce chef de l'Etat qui autrefois était tout. Mais, si l'on songe, comme nous l'avons fait voir, que les plus grands monarques n'ont jamais tiré leur puissance que de l'opinion publique, quelque peine qu'elle eût alors à se faire jour, on peut juger de l'autorité qu'a aujourd'hui un homme qui marche d'accord avec l'opinion publique, et qui a pour mission de lui aplanir la voie, en un mot de mettre la puissance où elle est réellement. Ce chef de l'Etat ne vit plus dans des fictions ; il ne fait pas de l'aveuglement sa règle ; il n'a plus à deviner ou à pressentir l'opinion publique ; elle s'offre à lui de toutes manières, mais sa sagesse n'en a pas moins à se manifester sans cesse, car, entre les différents courants d'opinion, il faut savoir discerner ceux qui ne sont que passagers, ou ceux qui ont pour eux l'avenir, la logique, la fortune, la raison publique ; et c'est là, il faut l'avouer, une des plus nobles tâches qui puissent s'offrir à l'esprit humain.

C'est ainsi que, en écartant les obstacles qui s'opposent au triomple de l'opinion la

plus sage, le chef de l'Etat met des bornes
au droit du plus fort, car la force n'est
odieuse que lorsqu'elle se met au service des
causes mauvaises et condamnées. Mais il y a
toujours à craindre l'agitation que peut causer
le triomphe de la sagesse même, et aussi les
représailles des partis vaincus, qui trouvent,
dans l'appel fait au pays, des moyens d'exercer leur fanatisme. Aussi la question de l'opportunité de la dissolution et de l'appel à la
nation est-elle l'une des plus délicates qui
puissent s'offrir au chef du pouvoir. Il a toujours à se demander si l'opinion la plus forte,
celle qui est dans la logique des choses, ne
s'imposera pas fatalement, sans qu'elle ait besoin d'une manifestation éclatante. « *Quid inte-
rest*, disaient les jurisconsultes Romains, *suf-
fragio populus voluntatem suam declaret, an
rebus ipsis et factis ?* Qu'importe que ce soit
par ses suffrages ou par ses faits et gestes
que le peuple manifeste sa volonté ? » (1) Mais
il faut être bien sûr de cette adhésion tacite
et virtuelle : Dès qu'il y a mécontentement,
malentendu, antagonisme sans issue entre le

---

(1) *Digeste*, livre III, loi 34. *De legibus, senatus que consultis,
et longa consuetudine.*

corps électoral et ses représentants, il n'y a pas à hésiter, il faut en appeler au suffrage universel.

§ XI. De l'effet du suffrage universel sur les ambitions malsaines.

Le suffrage universel, outre qu'il assure le triomphe de l'opinion la plus modérée, est encore une grande école de modestie. Car il expose ceux qui l'invoquent pour satisfaire de vulgaires appétits, à une terrible épreuve, c'est de conformer leurs actes à leurs promesses et de réaliser leurs programmes. Or c'est là qu'on voit combien il y a loin de la coupe aux lèvres et de la pratique aux belles théories. On ne gouverne pas les hommes avec des mots. L'exercice du pouvoir ou le maniement des affaires est le tombeau des idées creuses, des panacées sonores, des réformes imaginées dans le silence du cabinet, ou engendrées à grand fracas dans les réunions publiques. Le suffrage universel, en appelant tous les partis au pouvoir, les assagit tous, car, en ce monde, la désillusion est le commencement de la sagesse ; et il a ainsi pour effet d'entretenir dans le monde une réserve d'hommes désabusés des vaines illusions, pratiques, modérés, philosophes, réserve sans laquelle la machine politique ne marcherait que par soubresauts, ou risquerait d'être précipitée dans les abîmes.

§ XII. Des maladies de l'opinion publique et des remèdes.

Il est un cas où le suffrage universel peut être funeste, c'est quand l'opinion publique est malade ; car, comme elle est souveraine, elle s'impose avec ses maux et ses tares ; et souvent elle a des caprices tellement désordonnés, qu'elle déconcerte la saine raison, et met dans le désespoir ceux qui ont conservé la foi dans la marche méthodique de l'humanité.

Mais, étant donné que l'opinion publique ait de ces étranges caprices, l'œuvre du suffrage universel est salutaire, en ce qu'il les reflète fidèlement. Car ce qui pourrait encore augmenter le mal et le rendre incurable,

ce serait l'ignorance où l'on vivrait à cet
égard . Une chose est essentielle aujourd'hui,
c'est de connaître l'opinion, qu'elle soit saine
ou malade . Avec le suffrage restreint on
vivait dans l'ignorance, par calcul ou par défiance. Les gouvernements cherchaient à se
donner le change sur ces maladies et ces
malaises de l'opinion , ou à les guérir par la
compression ; mais le mal , grandissant à
l'ombre, provoquait des explosions qui faisaient
toujours sombrer les gouvernements. Avec le
suffrage universel , ces maladies , ces défail-
lances, ces caprices paraissent au grand jour,
et l'on dit avec raison qu'une maladie bien
connue est à moitié guérie.

Les moyens de remédier à ces maladies
rentrent dans l'arbitrage du chef de l'Etat et
dans la mission de la presse . Ces maladies
ne sont que passagères ; et nous avons vu
que le suffrage universel sait se corriger
lui-même ; mais souvent il est nécessaire d'y
aider. Quand ces maladies proviennent de
l'ignorance, il faut éclairer le corps électoral;
quand elles proviennent de l'influence abusive
d'un ou de certains partis, il faut rétablir
l'équilibre et donner aux autres partis les

moyens de contrebalancer cette influence abusive, car le remède contre les excés de la
liberté, c'est encore la liberté. Mais il n'arrive pas toujours que ces moyens réussissent,
au moins à bref délai. Si l'on pouvait toujours réagir efficacement contre les vices et
les aberrations du suffrage universel , il
aurait le plus beau privilége du monde ,
celui de l'infaillibilité. Or rien n'est infaillible
en ce monde . Les avantages du suffrage
universel ne sont que relatifs : et c'est assez
faire son éloge de dire que , de tous les
moyens d'assurer le régne légitime de l'opinion publique, c'est encore lui qui est le plus
efficace.

CHAPITRE TROISIÈME.

Des modes d'application du suffrage universel.

§ I. Du scrutin uninominal.

Il est temps de nous prononcer maintenant
sur les divers modes d'application du suffrage
universel qui divisent actuellement les esprits.
Il s'agit de savoir quel est le système qui
offre le plus de garanties pour que le suffrage
universel soit le plus sincère possible, car
c'est là la condition de sa supériorité sur tous
les autres modes d'appel à l'opinion. Et ici
nous rencontrons deux combinaisons qui ont
été alternativement employées sans satisfaire

précisément personne, car on trouve toujours mauvais le suffrage qui nous condamne. Ces combinaisons sont le *scrutin uninominal* ou *d'arrondissement*, et le *scrutin* de *liste*.

Le scrutin uninominal. qui consiste à ce qu'un citoyen n'ait à se prononcer que sur lo mérite et les capacités d'un autre citoyen, a les préférences de ceux qui n'ont, dans les lumières du peuple, qu'une confiance modérée. Il réduit si bien les chances d'un mauvais choix ou d'un choix aveugle. que tous les électeurs sont à même, s'ils le veulent bien, de connaître celui qui s'offre à leurs suffrages. Et, comme Montesquieu a dit que le peuple se connaît admirablement en hommes, le scrutin uninominal donne toutes les facilités possibles pour bien juger les candidats. A ce titre, ce mode de suffrage paraît réaliser la suprême expression de ce que peut donner le suffrage universel, avec le peu d'éducation politique qu'ont les masses, car il réduit au minimum l'exercice de la souveraineté populaire, en la restreignant dans un domaine où elle a le moins de chances de faillir.

Mais. comme les meilleures choses du monde ont leurs inconvénients, c'est cette restriction même du droit de souveraineté qui entraîne, pour le scrutin uninominal ou d'arrondissement. certains désavantages qu'il est nécessaire de prendre en considération. Ce mode de suffrage cantonne les électeurs dans un petit rayon étroit, où régnent les préjugés locaux, l'esprit de clocher, les rivalités de famille. Et il permet à la tyrannie de certaines personnalités de s'imposer lourdement. A ces inconvénients, qui peuvent contrarier la liberté des électeurs, ou fausser le suffrage dans une certaine mesure, s'ajoute souvent la pénurie d'hommes pouvant dignement représenter une région. Le choix est un peu limité ; et, comme tout ce qui a un peu de talent, d'activité d'esprit, d'ambition, fuit généralement les campagnes, le scrutin d'arrondissement peut avoir les mêmes inconvénients qu'avait autrefois le suffrage restreint, à savoir de donner l'empire à une sorte d'aristocratie terrienne, rétrograde, ancrée au régime qui satisfait ses ambitions et ses appétits, et ennemie de tout progrès.

Ces inconvénients sont balancés par les tendances contraires que manifestent les suffrages des villes, et, comme la population urbaine ne fait qu'augmenter au détriment des populations rurales, le danger, à l'avenir, sera plutôt dans l'insuffisance de l'élément emprunté à l'esprit conservateur des campagnes. De sorte que, à tout bien prendre, le scrutin uninominal assure le mieux l'expression la moins imparfaite possible de l'opinion publique. Il a, en outre, cet avantage d'être le mieux approprié aux capacités des populations rurales par son caractère concret, qui fait que l'électeur n'a pas à se prononcer sur des idées, des théories, ou des systèmes, mais sur la valeur et le mérite d'un homme.

§ II. **Du scrutin de liste**.

Le scrutin de liste est plus abstrait. Il repose sur une conception plus étendue de la souveraineté populaire. Cette souveraineté exige plus du citoyen que cette sorte de confiance aveugle accordée à un homme. Il faut que la nation dise comment elle veut être gouvernée ; et, comme généralement plusieurs partis se disputent cet honneur, il est nécessaire que le corps électoral choisisse entre les différents partis. A cet effet, chaque parti fait une liste générale des citoyens qui briguent ou acceptent l'honneur de représenter l'opinion du parti ; et cette liste générale se subdivisant en autant de listes particulières qu'il y a de colléges électoraux, c'est sur ces listes que les électeurs sont appelés à se prononcer. On voit donc que les hommes sont peu de chose dans ce système. Les individualités sont noyées dans des agrégations artificielles, et le plus souvent les candidats sont absolument inconnus des électeurs. Mais, comme il s'agit moins de voter pour des hommes que pour telle ou telle couleur d'opinion, il suffit, pour que le scrutin de liste soit sincère, que les électeurs donnent, en toute connaissance de cause, leurs suffrages à l'opinion qui a leurs préférences. Or c'est là que gît la difficulté du scrutin de liste, et c'est en quoi il peut être plus suspect d'erreur que le scrutin uninominal.

Car il est évident que les électeurs, ne pouvant se prononcer sur la valeur et sur les opinions des candidats qu'on leur présente et qu'ils ne connaissent pas, sont forcés de s'en fier, sur ce point, à des comités qui dressent les listes, et qui forment comme autant de

grands électeurs. disposant absolument de la
nation comme d'un pays conquis. Cette confiance aveugle, qu'on demande aux électeurs.
peut être légitime ; mais l'on peut aussi en
abuser. et alors le suffrage universel perd
toute sa valeur, car il n'est plus sincère. Il
y a, comme l'on dit, captation ; et, dans la
crainte de ce danger, un nombre considérable
d'électeurs recourt à l'abstention. Il faudrait,
pour éclairer suffisamment le corps électoral,
que les candidats pussent se transporter dans
toutes les communes de France pour y expo-
ser leur programme, afin qu'il ne restât pas
le moindre doute dans les esprits. Or c'est là
une condition qui est restée jusqu'à ce jour
irréalisable ; et toutes les réunions publiques
qui s'organisent sur toute l'étendue du terri-
toire pendant les périodes électorales ne rem-
plissent qu'une faible partie de ce but. Ce
n'est pas que ces réunions publiques n'aient
un excellent effet en mêlant les candidats aux
électeurs. en habituant les premiers à parler
en public et les seconds à entendre traiter
des questions auxquelles ils ne sont guère
habitués. Mais il faudrait pour cela que l'esprit qui règne généralement dans ces réunions

changeât, et qu'on ne s'y fit pas gloire d'éblouir plutôt les électeurs que de les persuader, et de donner de grands mots pour de bonnes raisons. Un autre moyen de bien régler le scrutin de liste serait de faire en sorte que chaque liste contînt au moins le nom d'un citoyen de tous les arrondissements de France, ce qui se fait parfois, mais il faudrait que ce fût une régle, car alors il y aurait des chances pour que la grande majorité des candidats fût connue de ses électeurs. On voit qu'il y a des progrés à faire dans le fonctionnement du scrutin de liste. Mais, en principe, il tient un peu, par sa nature abstraite, du plébiscite, et il demande une dose d'instruction plus forte que le scrutin uninominal. C'est pourquoi beaucoup de bons esprits le considèrent, soit comme un rétrécissement du suffrage universel, en ce sens qu'il met la direction des élections en un petit nombre de mains, soit comme un idéal qu'on ne pourra réaliser que lorsque l'esprit public, en France, aura fait de notables progrés.

Car ces désavantages du scrutin de liste n'empêchent pas qu'il n'ait de grands avantages ; et c'est même une preuve de supério-

rité pour lui que les imperfections du corps
électoral le rendent actuellement impraticable.
Sa mission serait, en effet, de réparer une
des plus grandes injustices du suffrage universel, en appelant à la direction ou au contrôle des affaires publiques un grand nombre
d'hommes de talent et de génie, qui ne rési-
dent pas généralement dans les coins du pays,
qui vivent parfaitement inconnus du vulgaire,
et dont l'opinion importe bien plus qu'on ne
le croit à la bonne marche des affaires.
« C'est l'intelligence qui gouverne le monde, »
a dit un philosophe. Pour faire sa juste part
à cet élément si important, il n'y a de possible que le suffrage à deux degrés ou le
scrutin de liste. Il faut, en un mot. que le
suffrage universel, tout en appelant les masses à l'exercice du droit de souveraineté,
opère une sélection qui mette la force là où
est l'esprit, la raison, l'intelligence. Dans les
conditions où nous sommes, le scrutin de
liste met plutôt en relief les supériorités
bruyantes. On le rend, à raison ou non, res-
ponsable de l'agitation souvent stérile où se
débattent nos corps délibérants. Aussi un grand
parti dans la nation veut-il en appeler du

scrutin de liste au scrutin d'arrondissement.
Et il est difficile de méconnaître que le
retour au scrutin uninominal est la ressource
naturellement indiquée pour permettre au
suffrage universel de faire l'éducation qui lui
manque encore.

§ III. Du suffrage obligatoire.

L'infidélité et les défectuosités du suffrage
universel peuvent tenir à d'autres causes encore. Le suffrage universel ne l'est malheureusement que de nom, et il est une fraction
trop notable de citoyens qui esquivent l'exercice de leur droit de souveraineté.

Il y a bien des gens qui en veulent au
suffrage universel parcequ'il est universel. Un
droit qu'on a de commun avec tout le monde
n'a aucun prix à leurs yeux. Il leur faut des
priviléges ; et ils ne voient pas, qu'en en
cherchant d'imaginaires, ils négligent le seul
qui puisse aujourd'hui sauvegarder leur posi-
tion, leur fortune, et leur dignité.

D'autres se retranchent sur l'inutilité de leur
vote perdu dans celui des masses; mais ils ne voient

pas que leur abstention et celle de beaucoup
d'autres personnes qui raisonnent de la sorte
ne font qu'augmenter l'influence des masses.
et que la laisser sans contrepoids. Et c'est,
en effet, ce qui arrive trop souvent ; et
voilà pourquoi le suffrage universel n'a pu
donner encore les fruits qu'on doit en atten-
dre .

D'autres enfin estiment que, avec l'application actuelle du suffrage universel, les minorités étant sacrifiées, il est inutile de chercher à leur donner une importance qu'elles
ne peuvent avoir. On ne saurait plus mal
raisonner ; car, avec ce système, les minorités ne font que perdre en importance au lieu
de croître en importance ; et le droit absolu du nombre n'a plus de contrepoids.
Le devoir du vrai citoyen est l'action, non
l'abstention : ceux qui s'y dérobent sont naturellement et justement sacrifiés. Il faut, en
un mot, que les bons citoyens agissent sur
le suffrage universel, et ne se bornent pas à
le subir.

Mais ce qui met le comble à l'aveuglement
des uns et des autres, c'est que, en définitive, ils ne sont la minorité que parce qu'ils

le veulent bien, et que c'est par leur conduite qu'ils justifient toutes les irrégularités du suffrage universel.

Contre de pareils préjugés il n'y a de remède que dans un plus juste sentiment de cette grande puissance de l'opinion publique, que personne ne peut aujourd'hui braver ni bouder sans une pointe de ridicule, ni sans grands dangers. Il faut mettre de la passion à éclairer, à diriger le suffrage universel, et non à le décrier. Quant à ceux qui s'abstiennent par indifférence, ils méritent que le suffrage universel soit bien indifférent à satisfaire leurs aspirations et leurs intérêts dont ils se soucient si peu.

En attendant que la raison publique fasse des progrès dans ce sens, un grand parti, dans le pays, demande à ce qu'on impose le suffrage. A première vue, cette idée paraît quelque peu bizarre, car le droit de vote étant l'exercice de la souveraineté populaire, comment pourrait-on forcer quelqu'un à être souverain ? Et d'où pourrait venir cette contrainte, sinon du souverain lui-même, c'est-à-dire de celui qu'on veut forcer à voter ?

Il faudrait donc que cette contrainte vînt

d'une raison supérieure à la liberté du citoyen, et cette raison ne pourrait être que la raison d'Etat. Or la raison d'Etat a trop de dangers, pour qu'on puisse l'appliquer même à une œuvre aussi utile que pourrait l'être la pratique intégrale du suffrage universel.

Mais si, en principe, le suffrage obligatoire est difficile à légitimer, il pourrait s'expliquer par de bonnes raisons, et comme un moyen de guérir le mal par le mal. Comme, en définitive, cette contrainte obligerait à peu de chose, on pourrait l'employer comme un expédient transitoire, et comme un moyen d'habituer les citoyens à faire d'abord comme un devoir ce qu'ils feront plus tard comme un droit.

§ IV. **Du suffrage des femmes.**

Il s'agit maintenant d'aborder une grave question qu'on ne peut omettre quand on parle du suffrage universel : c'est la question du suffrage des femmes. Car l'un des grands arguments qu'on allègue contre le suffrage universel, c'est qu'il ne comprend qu'une moitié de l'humanité ; et toutes les raisons qu'on donne contre le suffrage restreint sont invoquées par une certaine fraction du sexe féminin pour invalider ce qu'on appelle faussement le *Suffrage universel.*

Il faudrait donc pouvoir prouver que, dans la pratique actuelle du suffrage, l'opinion des femmes a des moyens de se faire représenter. Il s'agit de savoir, si, avec l'ascendant qu'elles exercent sur les hommes, elles ne trouvent pas souvent en eux des instruments pour faire prévaloir leurs idées. Si l'on pouvait faire convenir les femmes de ce point, leur suffrage n'aurait plus de raison d'être ; il serait un double emploi, un excès de pouvoir.

Mais cette question est subordonnée à celle du principe même, qui est beaucoup plus délicate. Y a-t-il ou non usurpation, de la part de l'homme, à priver la femme du droit de suffrage ? Un certain nombre d'esprits, parmi lesquels un grand philosophe contemporain, J. Stuart-Mill, n'ont pas hésité à se prononcer pour l'affirmative ; et l'on n'ignore pas qu'il s'est fait, parmi les femmes mêmes, un certain parti qui proteste hautement con-

tre la tyrannie masculine. On considère que
l'établissement du suffrage, pour les femmes,
serait le couronnement de cette série d'éman-
cipations qu'a subies leur sexe depuis l'escla-
vage, la tutelle perpétuelle et l'état de do-
mesticité, jusqu'à la situation que le progrès
des mœurs, de la civilisation et des lois leur
ont faites.

A ne considérer cette question qu'au point
de vue de l'opportunité historique, et sans
entrer dans des arguments de sentiment, il
ne semble pas qu'elle puisse s'imposer dès
aujourd'hui à la sollicitude de ceux qui gémissent des inégalités sociales. Car une grande
inégalité existe encore dans la condition des
femmes, qui demanderait à disparaître avant
qu'on pût songer à leur conférer des droits
politiques. C'est l'état de dépendance dans le-
quel elles se trouvent vis-à-vis de leurs maris
pour la gestion des affaires civiles. La loi les
maintient, à cet égard, dans une sorte de
tutelle qui est peut-être plus gênante et plus
déshonorante pour elles que leur effacement
politique. Or, comme on ne leur permet pas
seulement l'administration de leur fortune,
comment pourrait-on songer à leur confier

celle de la fortune de l'Etat ? Il faudrait donc une autre révolution, fort grave, avant de songer à opérer celle qui en ferait des citoyennes, dans le sens le plus large du mot.

Ce qui rend de plus cette question oiseuse. c'est que la majorité des femmes ne se plaint nullement de sa condition, car elle sait bien que ce qu'on lui refuse en puissance effective elle le reconquiert très-bien par l'ascendant que son sexe a sur les hommes, surtout en notre bon pays de France. Aussi l'opinion des femmes a-t-elle toujours eu une grande part dans l'opinion publique. Des critiques irrévérencieux ont été jusqu'à prétendre que c'est pour cette raison que l'opinion est si changeante et si capricieuse. Mais il n'en faut rien croire. La vérité, c'est que les femmes, en qui dominent surtout le sentiment et l'instinct, se rapprochent plus que nous de la nature, et subissent plus que nous la tyrannie inconsciente de ces grandes forces qui conduisent l'humanité. C'est ce qui, sous une apparence de légéreté, les rend plus conservatrices que les hommes ; elles se rendent mieux compte de ce qui convient à la stabilité de la famille qui est le pivot des Etats :

et leur influence ne peut être que salutaire sur la bonne marche des sociétés.

La femme sait, de plus, combien elle aurait à perdre en se faisant politicienne, et l'exemple que donnent celles qui aspirent à se faire hommes n'est guère fait pour l'encourager. Elle sait qu'elle retrouve son égalité avec l'homme, et même sa supériorité, dans un autre domaine. L'ambition ne lui enlève pas un grand sentiment du ridicule ; elle comprend que la mission de faire de bons citoyens vaut mieux que celle de se mesurer avec nous aux urnes.

La femme est une mineure dans le domaine civil : elle restera, sans doute. longtemps encore mineure dans le domaine politique. Un jour où elle consentira à n'être plus femme, il faudra songer à l'investir des droits qui lui manquent. Mais le monde verra d'autres révolutions avant celle-là.

CONCLUSION.

Si donc, comme nous avons essayé de le démontrer, le suffrage universel a toujours existé á l'état de puissance occulte, inconsciente, et que son avènement n'a fait que consacrer une longue et légitime domination, nous avons suffisamment établi sa légitimité, sa raison d'être ; car, de même que tous les principes de liberté qui, dans la suite des siécles, aprés une longue période d'éclipse, ont conquis, dans les sociétés humaines, la place et la puissance auxquelles ils avaient droit, de même, aprés des siécles d'aveuglement volontaire ou non volontaire, le suffrage universel s'est imposé au monde par une raison bien plus forte que le sont les arguments qu'on pourrait invoquer pour le combattre.

Mais le grand avantage du suffrage universel, c'est qu'il a dissipé l'une des plus

grandes causes d'erreur, qui, dans le courant
des siècles, aient égaré les sociétés humaines.
En ce sens l'on peut dire qu'il a opéré, dans
le domaine politique, une révolution analogue
à celle opérée par la Renaissance dans le domaine du goût, et à celles opérées par les
méthodes de Descartes et de Bacon dans le
domaine des sciences et de la philosophie.

Car ces autorités artificielles, scolastiques,
oppressives, intolérantes, que les grands réno-
vateurs du seizième et du dix-septième siècle
détrônaient à la grande surprise et à la
grande joie du monde, existaient aussi dans
le domaine politique sous tous les échafau-
dages théocratiques, et aristocratiques qui servaient à étayer les trônes, et sous toutes les
autres formes de despotisme dont on habillait
l'odieux droit du plus fort.

Lorsque l'on comprit enfin que la véritable
souveraine était l'opinion publique, et que
c'était elle seule qui pouvait désormais consacrer toutes les autorités qui président au
maintien des sociétés, ou aboutissait fatalement au suffrage universel, malgré les crain-
tes de beaucoup de bons esprits, et les résis-
tances des puissances détrônées.

Le suffrage universel remet la force où elle doit être ; et, s'il engendre, à son tour, certaines nouvelles formes de tyrannie, c'est que, en ce monde, l'ivraie est toujours mêlée au bon grain, et que les avantages des meilleurs principes ne sont jamais que relatifs. Mais que l'on envisage ces avantages, sans se laisser détourner par quelques taches inséparables des meilleures choses ! Avec le suffrage universel, l'autorité n'est plus, comme elle l'était presque toujours autrefois, artificielle ; elle ne repose plus sur des conventions perdues dans la nuit des temps ; elle n'est plus figée dans un moule étroit où rien de ce qui est humain ne peut vivre ; elle ne consiste plus dans une force d'emprunt et d'apparât, qui ne servait souvent qu'à donner le change sur sa force réelle ; elle a ses racines dans cette opinion publique qu'on a fort justement appelée la « reine du monde », qui est changeante, mais qui fait que tout doit changer avec elle. Dans les sociétés humaines, comme dans le domaine de la nature entière, il s'opère une sélection constante des éléments forts d'avec les éléments faibles, de ce qui doit durer d'avec ce qui est destiné à périr.

de ce qui est vivace d'avec ce qui est caduc;
et c'est ainsi que, sans tomber dans les maxi-
mes de Hobbes, l'on peut dire que le monde est
au plus fort. Cette sélection s'opérait dans les
anciennes sociétés comme elle s'opère dans les
sociétés nouvelles, car rien ne résiste à l'œuvre
de la nature ; mais elle était gênée par toutes
sortes de conventions, de coutumes, de préjugés, d'entraves, qui créaient une sorte d'erreur
constante sur le point de savoir qui méritait
d'avoir l'empire, et qui était destiné à abdiquer.
Les puissances condamnées s'éternisaient, se
survivaient, et duraient à travers les siècles
comme ces fruits flétris qui se soutiennent
aux rameaux des arbres , quand la sève est
déjà depuis longtemps morte . Le suffrage
universel a le grand mérite de laisser le
champ libre à l'œuvre de la nature qui, dans
les sociétés humaines , se traduit par le tra-
vail des idées et des sentiments populaires .
Par son moyen, cette sélection fatale se produit sans embages , sans entraves ; le droit
du plus fort s'établit graduellement, sans violence. sans bouleversement ; les plus étranges
vicissitudes ont ainsi leur raison d'être, leur
explication . sans que les puissances tombées

aient d'autre recours que de se résigner ou de se transformer. Or qu'est-ce, à bien le prendre, que cette sélection qui met en relief les forces vives d'une société, et plonge dans l'ombre les éléments caducs et destinés à périr, sinon la manifestation éclatante d'une volonté supérieure, qui a ses préférences, un plan, et qui conduit les sociétés humaines au plus grand développement, au plus grand perfectionnement dont elles sont susceptibles ? Et si le suffrage universel aide à l'accomplissement régulier de cette œuvre providentielle, n'est-ce pas le plus bel éloge qu'on puisse en faire ?

FIN

10